Perek Shiráh

Cântico do Universo

Copilação e Tradução
Yuval Eliab Ben Avraham

Catalogação na Publicação (CIP)
Ficha Catalográfica feita pelo autor

Y95: Yuval Eliab Ben Avraham
PEREK SHIRÁH- CANTICO DO
UNIVERSO Páginas: 62

ISBN: 978-724-261-322-9
Assunto: Tradição Judaica Ano e
Cidade de Publicação: Olinda -PE,
2021.

CDU: 296

Sobre este Texto

Composto por volta de. 500 EC a 1100 EC.

Perek Shirah, é um texto antigo escrito anonimamente. A obra é uma lista de 84 elementos da natureza e um verso do Tanach que a acompanha. Alguns dos elementos são: sol, água, maçã, leão e mosca. A mensagem do trabalho é que todos os aspectos do mundo natural ensinam sobre ética e filosofia. A lição é aprendida com o versículo anexo do Tanach.

ÍNDICE

PEREK SHIRÁH

Rabino Eliezer *disse: Qualquer um que se envolve com Perek Shirah neste mundo, merece dizê-lo no Mundo Vindouro, como diz: "Então Moshe cantará"; não diz "cantou", mas "cantará" no mundo vindouro.*

*E o **Rabi** disse: Qualquer um que se envolver com Perek Shirah neste mundo - eu testifico que ele está destinado para o mundo vindouro, e ele é salvo da inclinação do mal e do julgamento severo, e da destruição, e de todos os tipos de inimigos, e das* dores de parto de Mashiach, e do julgamento do Gehinom; e ele merece aprender e ensinar, observar e cumprir e executar [a Torá], e seus estudos estão estabelecidos nele, e seus dias são prolongados, e ele merece vida no Mundo vindouro.

Os Sábios disseram a respeito do Rei Davi que quando ele completou o livro dos Salmos, ele ficou orgulhoso. Ele disse ao Santo bendito é ele: "Existe alguma criatura que você criou em seu mundo que diz mais canções e louvores do que eu?"

Naquele momento, um sapo cruzou seu caminho e disse a ele:

Perek Shiráh- Cântico do Universo

"David! Não se orgulhe, pois recito mais canções e elogios do que você. Além disso, cada canção que digo contém três mil parábolas, como diz: **'E ele falou três mil parábolas, e suas canções eram mil e quinhentas.'**

E, além disso, estou ocupado com um grande mitsvá, e este é a mitsvá com a qual estou ocupado: há um certo tipo de criatura à beira do mar cujo sustento é inteiramente de [criaturas que vivem] na água, e quando está com fome, me leva e me come, de modo que eu cumpro o que diz: **'Se o seu inimigo estiver com fome, dê-lhe de comer; se ele tiver sede, dê-lhe água para beber; pois tu** *amontoarás brasas de fogo sobre a cabeça dele, e HASHEM te recompensará '.*

Perek Shiráh- Cântico do Universo

1º Dia

שָׁמַיִם אוֹמְרִים: הַשָּׁמַיִם מְסַפְּרִים כְּבוֹד אֵל
וּמַעֲשֵׂה יָדָיו מַגִּיד הָרָקִיעַ:
(תהילים יט ב)

Os céus estão dizendo: "Os céus falam do kavod de El, e os céus falam de sua obra."

אֶרֶץ אוֹמֶרֶת. לְדָוִד מִזְמוֹר לַיי הָאָרֶץ וּמְלוֹאָהּ
תֵּבֵל וְיוֹשְׁבֵי בָהּ: (תהילים כד א)
וְאוֹמֵר. מִכְּנַף הָאָרֶץ זְמִרֹת שָׁמַעְנוּ צְבִי
לַצַּדִּיק: (ישעיהו כד טז)

A Terra está dizendo: "A terra e todas as coisas nela são de HASHEM; a

área habitada e tudo o que nela habita. ”
E está dizendo: “Das asas da terra ouvimos canto, glória aos justos”.

גַּן עֵדֶן אוֹמֵר. עוּרִי צָפוֹן וּבוֹאִי תֵימָן הָפִיחִי גַגִּי יִזְלוּ בְשָׂמָיו יָבֹא דוֹדִי לְגַנּוֹ וְיֹאכַל פְּרִי מְגָדָיו : (שיר השירים ד טז)

O Jardim do Éden está dizendo: “Desperta-te, ó [vento] norte, e vem, ó sul! Sopre em meu jardim, deixe suas especiarias fluírem; que meu Amado venha ao seu jardim e coma de seus preciosos frutos ”.

Perek Shiráh- Cântico do Universo

גֵּיהִנֹּם אוֹמֵר. כִּי הִשְׂבִּיעַ נֶפֶשׁ שֹׁקֵקָה וְנֶפֶשׁ רְעֵבָה מִלֵּא טוֹב: (תהילים קז ט)

Gehinom está dizendo: "Pois ele satisfez a alma ansiosa e encheu de bem a alma faminta."

מִדְבָּר אוֹמֵר. יְשֻׂשׂוּם מִדְבָּר וְצִיָּה וְתָגֵל עֲרָבָה וְתִפְרַח כַּחֲבַצָּלֶת: (ישעיהו לה א)

O deserto está dizendo: "O deserto e o deserto se regozijarão, e a região árida exultará e florescerá como a rosa."

שָׂדוֹת אוֹמְרִים. יי בְּחָכְמָה יָסַד אָרֶץ כּוֹנֵן שָׁמַיִם בִּתְבוּנָה: (משלי ג יט)

Perek Shiráh- Cântico do Universo

Os Campos estão dizendo: "Hashem fundou a terra com sabedoria; Ele estabeleceu os céus com endimento."

מַיִם אוֹמְרִים. לְקוֹל תִּתּוֹ הֲמוֹן מַיִם בַּשָּׁמַיִם וַיַּעַל נְשָׂאִים מִקְצֵה אָרֶץ בְּרָקִים לַמָּטָר עָשָׂה וַיּוֹצֵא רוּחַ מֵאֹצְרֹתָיו (ירמיה נא טז)

As Águas estão dizendo: "Quando sua voz ressoa com uma grande massa de água nos céus, e ele levanta vapores dos confins da Terra; quando ele faz relâmpagos no meio da chuva, e ele tira o vento de seus depósitos ".

יָמִים אוֹמְרִים. מִקֹּלוֹת מַיִם רַבִּים אַדִּירִים שִׁבְּרֵי יָם אַדִּיר בַּמָּרוֹם יי: תהילים צג ד

Perek Shiráh- Cântico do Universo

Os mares estão dizendo: "Mais do que as vozes de muitas águas, do que as poderosas ondas do mar, HASHEM nas alturas é poderoso."

נְהָרוֹת אוֹמְרִים. נְהָרוֹת יִמְחֲאוּ כָף יַחַד הָרִים יְרַנֵּנוּ (תהילים צח ח)

Os rios estão dizendo: Que os rios batam palmas, que as montanhas cantem de alegria juntas!"

מַעְיָנוֹת אוֹמְרִים. וְשָׁרִים כְּחֹלְלִים כָּל מַעְיָנַי בָּךְ: (תהילים פז ז)

As Nuvens estão dizendo: "E como cantores que são como dançarinos, são todos aqueles que estudam você."

Perek Shiráh- Cântico do Universo

2º Dia

יוֹם אוֹמֵר. יוֹם לְיוֹם יַבִּיעַ אֹמֶר וְלַיְלָה לְּלַיְלָה
יְחַוֶּה דָּעַת: (תהילים יט ג)

O Dia está dizendo: Dia a dia fala, e noite a noite relaciona conhecimento.

לַיְלָה אוֹמֵר. לְהַגִּיד בַּבֹּקֶר חַסְדֶּךָ וֶאֱמוּנָתְךָ
בַּלֵּילוֹת: (תהילים צב ג)

A noite está dizendo: "Para falar de sua bondade pela manhã e de sua fidelidade à noite".

שֶׁמֶשׁ אוֹמֵר. שֶׁמֶשׁ יָרֵחַ עָמַד זְבֻלָה לְאוֹר
חִצֶּיךָ יְהַלֵּכוּ לְנֹגַהּ בְּרַק חֲנִיתֶךָ. חבקוק ג יא

Perek Shiráh- Cântico do Universo

O Sol está dizendo: "O sol, [quando coberto pela] lua, parou em sua morada; eles aceleram à luz de suas flechas e ao brilho de sua lança cintilante. "

יָרֵחַ אוֹמֶרֶת. עָשָׂה יָרֵחַ לְמוֹעֲדִים שֶׁמֶשׁ יָדַע מְבוֹאוֹ: (תהילים קד יט)

A Lua está dizendo: "Ele fez a Lua para os festivais; o Sol sabe a hora de sua chegada."

כּוֹכָבִים אוֹמְרִים. אַתָּה הוּא יי לְבַדֶּךָ אַתָּה עָשִׂיתָ אֶת הַשָּׁמַיִם שְׁמֵי הַשָּׁמַיִם וְכָל צְבָאָם הָאָרֶץ וְכָל אֲשֶׁר עָלֶיהָ הַיַּמִּים וְכָל אֲשֶׁר בָּהֶם

Perek Shiráh- Cântico do Universo

וְאַתָּה מְחַיֶּה אֶת כֻּלָם וּצְבָא הַשָּׁמַיִם לְךָ
מִשְׁתַּחֲוִים : (נחמיה ט ו)

As estrelas estão dizendo: "Você,
somente você, é HASHEM; Você fez o
céu, o céu dos céus, com todo o seu
exército; a terra e tudo o que há nela;
os mares, e tudo o que está neles; e
você preserva todos eles; e as hostes
do céu se prostram a você."

עָבִים אוֹמְרִים. יָשֶׁת חֹשֶׁךְ סִתְרוֹ סְבִיבוֹתָיו
סֻכָּתוֹ חֶשְׁכַת מַיִם עָבֵי שְׁחָקִים: תהילים יח ב

As Nuvens Pesadas estão dizendo:
"Ele fez das trevas seu lugar secreto;
Seu pavilhão ao redor dele estava

escuro com as águas e espessas nuvens do céu."

עֲנָנֵי כָבוֹד אוֹמְרִים. אַף בְּרִי יַטְרִיחַ עָב יָפִיץ עֲנַן אוֹרוֹ: (איוב לז יא)

As Nuvens de Luz estão dizendo: "Ele também sobrecarrega a nuvem espessa; a nuvem espalha sua luz."

רוּחַ אוֹמֵר. אֹמַר לַצָּפוֹן תֵּנִי וּלְתֵימָן אַל תִּכְלָאִי הָבִיאִי בָנַי מֵרָחוֹק וּבְנוֹתַי מִקְצֵה הָאָרֶץ: (ישעיה מג ו)

O Vento está dizendo: "Direi ao norte: 'Desista'; e ao sul: 'Não retenhas; trazei Meus filhos de longe, e Minhas filhas dos confins da terra."

Perek Shiráh- Cântico do Universo

בְּרָקִים אוֹמְרִים. בְּרָקִים לַמָּטָר עָשָׂה מוֹצֵא
רוּחַ מֵאוֹצְרוֹתָיו: (תהילים קלה ז)

Os Relâmpagos *estão dizendo: "...
Ele faz relâmpagos para a chuva; Ele
traz o vento de seus depósitos."*

טַל אוֹמֵר. אֶהְיֶה כַטַּל לְיִשְׂרָאֵל יִפְרַח כַּשּׁוֹשַׁנָּה
וְיַךְ שָׁרָשָׁיו כַּלְּבָנוֹן: הושע יד ו

O orvalho *está dizendo: "Eu serei
como o orvalho para Israel, ele
florescerá como uma rosa, ele
espalhará suas raízes como o
Líbano."*

גְּשָׁמִים אוֹמְרִים. גֶּשֶׁם נְדָבוֹת תָּנִיף אֱלֹהִים
נַחֲלָתְךָ וְנִלְאָה אַתָּה כוֹנַנְתָּה תהילים סח י

Perek Shiráh- Cântico do Universo

As chuvas estão dizendo: *"Você, Elohim, derramou uma chuva generosa para fortalecer sua herança quando ela definhou."*

3º Dia

אִילָנוֹת שֶׁבַּשָּׂדֶה אוֹמְרִים. אָז יְרַנְּנוּ עֲצֵי הַיָּעַר מִלִּפְנֵי יי כִּי בָא לִשְׁפּוֹט אֶת הָאָרֶץ: (דברי הימים א טז לג)

*As **Árvores dos campos** dizem: "Então as árvores da floresta cantarão na presença de HASHEM, porque ele vem julgar a terra.*

גֶּפֶן אוֹמֶרֶת. כֹּה אָמַר יי כַּאֲשֶׁר יִמָּצֵא הַתִּירוֹשׁ בָּאֶשְׁכּוֹל וְאָמַר אַל תַּשְׁחִיתֵהוּ כִּי בְרָכָה בּוֹ כֵּן אֶעֱשֶׂה לְמַעַן עֲבָדַי לְבִלְתִּי הַשְׁחִית הַכֹּל : (ישעיה סה ח)

Perek Shiráh- Cântico do Universo

A Videira está dizendo: "Assim diz HASHEM: Como o vinho é achado no cacho, e alguém diz: 'Não o destruam, porque há uma bênção nele' - assim o farei por causa dos meus servos, de modo que não destruir tudo. "

תְּאֵנָה אוֹמֶרֶת. נֹצֵר תְּאֵנָה יֹאכַל פִּרְיָהּ
(משלי כז יח)

A figueira está dizendo: "Aquele que guarda o figo comerá de seus frutos".

רִמּוֹן אוֹמֵר. כְּפֶלַח הָרִמּוֹן רַקָּתֵךְ מִבַּעַד
לְצַמָּתֵךְ: (שיר השירים ד ג)

A romã está dizendo: "... Sua testa é como um pedaço de uma romã por trás de suas tranças."

תָּמָר אוֹמֶר. צַדִּיק כַּתָּמָר יִפְרָח כְּאֶרֶז בַּלְּבָנוֹן יִשְׂגֶּה: (תהילים צב יג)

A tamareira está dizendo: "Os justos florescem como a palmeira; eles crescem como um cedro no Líbano. "

תַּפּוּחַ אוֹמֶר. כְּתַפּוּחַ בַּעֲצֵי הַיַּעַר כֵּן דּוֹדִי בֵּין הַבָּנִים בְּצִלּוֹ חִמַּדְתִּי וְיָשַׁבְתִּי וּפִרְיוֹ מָתוֹק לְחִכִּי (שיר השירים ב ג) :

O damasco está dizendo: "Como o damasco entre as árvores da floresta, assim é o meu amado entre os *rapazes. Sentei-me sob sua sombra com prazer, e suas frutas eram doces ao meu paladar."*

שִׁבֹּלֶת חִטִּים אוֹמֶרֶת. שִׁיר הַמַּעֲלוֹת מִמַּעֲמַקִים קְרָאתִיךָ יי (תהילים קד א)

Os feixes de trigo *estão dizendo: "Uma canção de ascensão: das profundezas clamei a você, HASHEM."*

שִׁבֹּלֶת שְׂעוֹרִים אוֹמֶרֶת. תְּפִלָּה לְעָנִי כִי יַעֲטֹף וְלִפְנֵי יי יִשְׁפֹּךְ שִׂיחוֹ תהילים קב א

Os feixes de cevada *estão dizendo: "Uma oração do indigente, quando*

Perek Shiráh- Cântico do Universo

ele desmaia e derrama sua palavra diante de HASHEM."

שְׁאַר שִׁבּוֹלִים אוֹמְרִים. לָבְשׁוּ כָרִים הַצֹּאן
וַעֲמָקִים יַעַטְפוּ בָר יִתְרוֹעֲעוּ אַף יָשִׁירוּ
תהילים סה יד

Os Outros Feixes estão dizendo: "Os prados estão vestidos com rebanhos; os vales também estão cobertos de grãos; eles gritam de alegria, eles também cantam."

יְרָקוֹת שֶׁבַּשָּׂדֶה אוֹמְרִים. תְּלָמֶיהָ רַוֵּה נַחֵת
גְּדוּדֶהָ בִּרְבִיבִים תְּמֹגְגֶנָּה צִמְחָהּ תְּבָרֵךְ:
תהילים סה יא

Perek Shiráh- Cântico do Universo

Os Vegetais do Campo *estão dizendo: "Você rega seus sulcos; você estabelece seus cristais; você o torna macio com garoas; Você abençoa seu crescimento."*

דְּשָׁאִים אוֹמְרִים. יְהִי כְּבוֹד יי לְעוֹלָם יִשְׂמַח יי בְּמַעֲשָׂיו: (תהילים קד לא)

As gramas *estão dizendo: "Que o kavod de HASHEM dure para sempre; que HASHEM se regozije em suas obras."*

Perek Shiráh- Cântico do Universo

4º Dia

תַּרְנְגוֹל אוֹמֵר. בְּשָׁעָה שֶׁבָּא הַקָּדוֹש בָּרוּךְ הוּא
אֵצֶל הַצַּדִּיקִים בְּגַן עֵדֶן, זוֹלְפִים כָּל אִילָנֵי גַן
עֵדֶן בְּשָׂמִים, וּמְרַגְּנִים וּרְשׁוֹאֵאת תַּרְנְגוֹל
אוֹמֵר. בְּשָׁעָה שֶׁבָּא הַקָּדוֹש בָּרוּךְ הוּא אֵצֶל
הַצַּדִּיקִים בְּגַן עֵדֶן, זוֹלְפִים כָּל אִילָנֵי גַן עֵדֶן
בְּשָׂמִים, וּמְרַגְּנִים וּרְשׁוֹאֵאת בְּקוֹל רִאשׁוֹן
אוֹמֵר. זֶה דוֹר דּוֹרְשׁוּ מְבַקְשֵׁי פָנֶיךָ יַעֲקֹב סֶלָה:
שְׂאוּ שְׁעָרִים רָאשֵׁיכֶם וְהִנָּשְׂאוּ פִּתְחֵי עוֹלָם
וְיָבוֹא מֶלֶךְ הַכָּבוֹד : מִי זֶה מֶלֶךְ הַכָּבוֹד יי עִזּוּז
וְגִבּוֹר יי גִבּוֹר מִלְחָמָה : (תהילים כד ז-ח)
בְּקוֹל שֵׁנִי אוֹמֵר. שְׂאוּ שְׁעָרִים רָאשֵׁיכֶם וּשְׂאוּ
פִּתְחֵי עוֹלָם וְיָבֹא מֶלֶךְ הַכָּבוֹד : מִי הוּא זֶה

Perek Shiráh- Cântico do Universo

מֶלֶךְ הַכָּבוֹד יי צְבָאוֹת הוּא מֶלֶךְ הַכָּבוֹד סֶלָה :
תהילים כד ט-י

בְּקוֹל שְׁלִישִׁי אוֹמֵר עָמְדוּ צַדִּיקִים וְעִסְקוּ
בַּתּוֹרָה, כְּדֵי שֶׁיִּהְיֶה שְׂכַרְכֶם כָּפוּל לָעוֹלָם
הַבָּא: בְּקוֹל רְבִיעִי אוֹמֵר. לִישׁוּעָתְךָ קִוִּיתִי יי:
(בראשית מט יח) בְּקוֹל חֲמִישִׁי אוֹמֵר. עַד
מָתַי עָצֵל תִּשְׁכָּב מָתַי תָּקוּם מִשְּׁנָתֶךָ: (משלי ו
ט) בְּקוֹל שִׁישִׁי אוֹמֵר. אַל תֶּאֱהַב שֵׁנָה פֶּן
תִּוָּרֵשׁ פְּקַח עֵינֶיךָ שְׂבַע לָחֶם: (משלי כ יג)
בְּקוֹל שְׁבִיעִי אוֹמֵר. עֵת לַעֲשׂוֹת לַיי הֵפֵרוּ
תּוֹרָתֶךָ: תהילים קיט קכו

O Galo *está dizendo: "Quando o
Santo bendito vem aos justos no
Jardim do Éden, todas as árvores no
Jardim do Éden espalham suas*

*especiarias e se regozijam e louvam, e
então Ele também se levanta e louva."*
Em sua primeira chamada, *diz: "Tal
é a geração daqueles que o procuram,
que buscam a sua face, até mesmo
Ya'akov. Selah! Levantem suas
cabeças, ó portões! E levantai-vos, ó
portas eternas! E o Rei de Kavod deve
entrar. Quem é este Rei de Kavod?
HASHEM forte e poderoso, HASHEM
poderoso na batalha!"*

Em sua segunda chamada, *ele diz:
"Levantem suas cabeças, ó portões!
Levantai-os, ó portas eternas! E o Rei
de Kavod deve entrar. Quem é Ele,*

este Rei de Kavod? HASHEM Tseva'ot, ele é o Rei de kavod, Selah!" *Em sua terceira chamada*, diz: "Levantem-se, ó justos, e ocupem-se com a Torá, para que sua recompensa seja dobrada em Olam Haba."

Em sua quarta chamada, diz: "Espero pela sua salvação, HASHEM." *Em sua quinta chamada*, está dizendo: "Por quanto tempo você vai dormir, ó preguiçoso? Quando você vai acordar?" *Em sua sexta chamada*, está dizendo: "Não ame o sono, para não cair na pobreza; abre os olhos e te fartares de pão."*Sua sétima chamada*, está dizendo: "É hora de agir por HASHEM; pois eles invalidaram sua Torá."

תַּרְנְגֹלֶת אוֹמֶרֶת. נֹתֵן לֶחֶם לְכָל בָּשָׂר כִּי לְעוֹלָם חַסְדּוֹ: (תהילים קלו כה)

A galinha está dizendo: "Ele dá pão a toda carne, pois sua benignidade permanece no cosmos".

יוֹנָה אוֹמֶרֶת. כְּסוּס עָגוּר כֵּן אֲצַפְצֵף אֶהְגֶה כַּיּוֹנָה דַּלּוּ עֵינַי לַמָּרוֹם אֲדֹנָי עָשְׁקָה לִי עָרְבֵנִי: (ישעיה לח יד)

O Pombo está dizendo: "Como um veloz ou guindaste, eu também tagarelo; Eu gemo como uma pomba;

Perek Shiráh- Cântico do Universo

meus olhos falham ao olhar para cima; meu Mestre, estou oprimido pela minha senilidade. "

אוֹמֶרֶת יוֹנָה לִפְנֵי הַקָּדוֹשׁ בָּרוּךְ הוּא, רִבּוֹנוֹ שֶׁל עוֹלָם, יִהְיוּ מְזוֹנוֹתַי מְרוֹוִי שֶׁל עוֹלָם, יִהְיוּ מְזוֹנוֹתַי מְרוֹוִי לֹ עֲוִיוֹ יִהְיוּ מְזוֹנוֹתַי מְרוֹוִי שֶׁל עוֹלָם, יִהְיוּ מְזוֹנוֹתַי מְרוֹוִי שֶׁל עֲוִיוֹ יִהְיוּ מְזוֹנוֹתַי מְרוֹוִי לֹ עוה

*A **pomba** diz ao bendito Santo: "Mestre do Mundo! Que meu sustento seja tão amargo quanto uma azeitona em sua Mão, em vez de ser doce como mel em carne e sangue. "*

Perek Shiráh- Cântico do Universo

נֶשֶׁר אוֹמֵר. וְאַתָּה יי אֱלֹהִים צְבָאוֹת אֱלֹהֵי יִשְׂרָאֵל הָקִיצָה לִפְקֹד כָּל הַגּוֹיִם אַל תָּחֹן כָּל בֹּגְדֵי אָוֶן סֶלָה : (תהילים נט ו)

*A **águia** está dizendo: "E você, HASHEM Elohim Tseva'ot, elo'ah de Yisra'el, desperte para punir todas as nações; não seja gracioso com nenhum traidor perverso, Selah!"*

עָגוּר אוֹמֵר. הוֹדוּ לַיי בְּכִנּוֹר בְּנֵבֶל עָשׂוֹר זַמְּרוּ לוֹ: (תהילים לג ב)

*A **Garça** está dizendo: "Dê graças a HASHEM com a lira, faça música para ele com a harpa de dez cordas".*

Perek Shiráh- Cântico do Universo

צִפּוֹר אוֹמֵר. גַּם צִפּוֹר מָצְאָה בַיִת וּדְרוֹר קֵן לָה אֲשֶׁר שָׁתָה אֶפְרֹחֶיהָ אֶת מִזְבְּחוֹתֶיךָ יי צְבָאוֹת מַלְכִּי וֵאלֹהָי : (תהילים פד ד)

O pássaro está dizendo: "O pássaro canoro também encontrou seu lar, e o pardal um ninho para si, onde pode depositar seus filhotes – Seus altares, HASHEM Tseva'ot, meu Rei e meu elo'ah."

סְנוּנִית אוֹמֶרֶת. לְמַעַן יְזַמֶּרְךָ כָבוֹד וְלֹא יִדֹּם יי אֱלֹהַי לְעוֹלָם אוֹדֶךָ: תהילים לג יג

A andorinha está dizendo: "Para que minha alma te louve, e não se cale,

Perek Shiráh- Cântico do Universo

HASHEM meu elo'ah, eu te darei graças para sempre".

טָסִית אוֹמֶרֶת. עֶזְרִי מֵעִם יי עֹשֵׂה שָׁמַיִם וָאָרֶץ: (תהילים קכא ב)

*A **andorinha pequena** está dizendo: "Minha ajuda vem de HASHEM, Criador do Céu e da Terra."*

צִיָּה אוֹמֶרֶת. אוֹר זָרֻעַ לַצַּדִּיק וּלְיִשְׁרֵי לֵב שִׂמְחָה: (תהילים צז יב)

*O **tsia** está dizendo: "A luz é semeada para os justos e a alegria para os sinceros".*

Perek Shiráh- Cântico do Universo

רְצִפִּי אוֹמֵר. נַחֲמוּ נַחֲמוּ עַמִּי יֹאמַר אֱלֹהֵיכֶם:)
(ישעיה מ א)

*A **pomba risonha** está dizendo: "Conforte meu povo, conforte-o, diz seu elo'ah".*

חֲסִידָה אוֹמֶרֶת. דַּבְּרוּ עַל לֵב יְרוּשָׁלַם וְקִרְאוּ אֵלֶיהָ כִּי מָלְאָה צְבָאָהּ כִּי נִרְצָה עֲוֹנָהּ כִּי לָקְחָה מִיַּד יי כִּפְלַיִם בְּכָל חַטֹּאתֶיהָ: (ישעיה מ ב)

*A **cegonha** está dizendo: "Fale ao coração de Yerushalayim e chame-a, pois sua hora chegou, seus pecados foram perdoados, pois ela recebeu o dobro das mãos de HASHEM por todos os seus pecados".*

Perek Shiráh- Cântico do Universo

עוֹרֵב אוֹמֵר. מִי יָכִין לָעֹרֵב צֵידוֹ כִּי יְלָדָיו אֶל אֵל יְשַׁוֵּעוּ: (איוב לח מא)

O corvo está dizendo: "Quem prepara a comida para o corvo, quando seus filhos clamam por El?"

זַרְזִיר אוֹמֵר: נוֹדַע בַּגּוֹיִם זַרְעָם וְצֶאֱצָאֵיהֶם בְּתוֹךְ הָעַמִּים כָּל רֹאֵיהֶם יַכִּירוּם כִּי הֵם זֶרַע בֵּרַךְ יי : ישעיה סא ט

O estorninho está dizendo: "Sua semente será conhecida entre as nações, e sua descendência entre os povos; todos os que os virem os reconhecerão, que eles são a semente que HASHEM abençoou. "

Perek Shiráh- Cântico do Universo

אָנוּ שַׁבְּבָית אוֹמֶרֶת. הוֹדוּ לַיי קִרְאוּ בִשְׁמוֹ
הוֹדִיעוּ בָעַמִּים עֲלִילוֹתָיו: שִׁירוּ לוֹ זַמְּרוּ לוֹ
שִׂיחוּ בְּכָל נִפְלָאוֹיו (בל נִפְלָאוֹי)

O ganso doméstico está dizendo: "Dê graças a *HASHEM*, invoque seu Nome, faça suas obras conhecidas entre os povos, cante para Ele, faça música para Ele, fale de todas as suas maravilhas."

אָנוּ הַבָּר הַמְּשׁוֹטֶטֶת בַּמִּדְבָּר. כְּשֶׁרוֹאֶה אֶת
יִשְׂרָאֵל עוֹסְקִים בַּתּוֹרָה אוֹמֶרֶת. קוֹל קוֹרֵא
בַּמִּדְבָּר, פַּנּוּ דֶּרֶךְ יי, יַשְּׁרוּ בָּעֲרָבָה מְסִלָּה
לֵאלֹהֵינוּ, וְעַל מְצִיאוּת מְזוֹנוֹתָ֗יו רְמַמְבָּה אָרוּר
הַגֶּבֶר אֲשֶׁר יִבְטַח בָּאָדָם, בָּרוּךְ הַגֶּבֶר אֲשֶׁר
יִבְטַח בַּיי וְהָיָה יי מִבְטַחוֹ:

*O **Ganso Selvagem** no deserto, quando vê Yisra'el ocupado com a Torá, está dizendo "Uma voz clama, Prepare no deserto o caminho de HASHEM, faça direto no deserto um caminho para o nosso elo'ah. E ao encontrar seu alimento no deserto, diz: "Maldito o homem que confia nos seres humanos ..." Bem-aventurado o homem que confia em HASHEM, e HASHEM será sua garantia."*

פְּרוֹגִיוֹת אוֹמְרִים. בִּטְחוּ בַיי עֲדֵי עַד כִּי בְּיָהּ יי צוּר עוֹלָמִים: ישעיה כו ד

Os patos estão dizendo: "Confie em HASHEM para todo o sempre, pois HASHEM Yah, é a força dos mundos."

רַחֲמָה אוֹמֶרֶת. אֶשְׁרְקָה לָהֶם וַאֲקַבְּצֵם כִּי פְדִיתִים וְרָבוּ כְּמוֹ רָבוּ: זכריה י ח

O Abelharuco está dizendo "Assobiarei para eles e os ajuntarei, pois eu os resgatei, e eles aumentarão como antes".

צִפֹּרֶת כְּרָמִים אוֹמֶרֶת. אֶשָּׂא עֵינַי אֶל הֶהָרִים מֵאַיִן יָבֹא עֶזְרִי תהילים קכא א

O gafanhoto está dizendo: "Eu levanto meus olhos para as

montanhas, de onde virá minha ajuda?"

חָסִיל אוֹמֵר. יי אֱלֹהַי אַתָּה אֲרוֹמִמְךָ אוֹדֶה שִׁמְךָ כִּי עָשִׂיתָ פֶּלֶא עֵצוֹת מֵרָחוֹק אֱמוּנָה אֹמֶן: (ישעיה כה א)

O gafanlhoto amarelo está dizendo: "HASHEM, você é meu elo'ah; Eu te exaltarei, louvarei o teu Nome; pois você tem feito coisas maravilhosas; Seus conselhos antigos são fidelidade e verdade."

שְׁמָמִית אוֹמֶרֶת. הַלְלוּהוּ בְצִלְצְלֵי שָׁמַע הַלְלוּהוּ בְּצִלְצְלֵי תְרוּעָה תהילים קנה

Perek Shiráh- Cântico do Universo

A Aranha está dizendo: "Elogie-o com címbalos que soam! Elogie-o com címbalos ruidosos!"

זְבוּב אוֹמֵר. בְּשָׁעָה שֶׁאֵין יִשְׂרָאֵל עוֹסְקִים בַּתּוֹרָה, קוֹל אֹמֵר קְרָא וְאָמַר מָה אֶקְרָא כָּל הַבָּשָׂר חָצִיר וְכָל חַסְדּוֹ כְּצִיץ הַשָּׂדֶה : יָבֵשׁ חָצִיר נָבֵל צִיץ כִּי רוּחַ יי נָשְׁבָה בּוֹ אָכֵן חָצִיר הָעָם : יָבֵשׁ חָצִיר נָבֵל צִיץ וּדְבַר אֱלֹהֵינוּ יָקוּם לְעוֹלָם: (ישעיה מ ו-ח) בּוֹרֵא נִיב שְׂפָתָיִם שָׁלוֹם שָׁלוֹם לָרָחוֹק וְלַקָּרוֹב אָמַר יי וּרְפָאתִיו: (ישעיה נז יט) '

A Mosca, quando Yisra'el não está se ocupando com a Torá, está dizendo: "A voz disse: 'Clame'. E ele disse: 'O que devo clamar?' 'Toda carne é erva *e toda a sua graça é como a flor do campo.' '... A grama seca, a flor murcha; mas a palavra de nosso Elo'ah durará para sempre."*

"Vou criar uma nova expressão dos lábios; Paz, paz para o que está longe e para o que está perto, diz HASHEM; e eu o curarei. '"

תַּנִּינִים אוֹמְרִים. הַלְלוּ אֶת יי מִן הָאָרֶץ תַּנִּינִים וְכָל תְּהֹמוֹת: תהילים קמח ז

Os Monstros do Mar *estão dizendo: "Elogie HASHEM da terra, dos monstros do mar e de todas as profundezas".*

Perek Shiráh- Cântico do Universo

לִוְיָתָן אוֹמֵר. הוֹדוּ לַיי כִּי טוֹב כִּי לְעוֹלָם חַסְדּוֹ: (תהילים קלו א)

O Leviatã está dizendo: "Dê graças a HASHEM por ele ser bom, por sua benignidade perdurar no cosmos".

דָּגִים אוֹמְרִים. קוֹל יי עַל הַמָּיִם אֵל הַכָּבוֹד הִרְעִים יי עַל מַיִם רַבִּים: תהילים כט ג

Os peixes estão dizendo: "A voz de HASHEM está sobre as águas, o El de kavod troveja, HASHEM está sobre muitas águas".

צְפַרְדֵּעַ אוֹמֶרֶת. בָּרוּךְ שֵׁם כְּבוֹד מַלְכוּתוֹ לְעוֹלָם וָעֶד

Perek Shiráh- Cântico do Universo

O sapo está dizendo: "Bendito seja o nome de sua majestade resplandecente no Cosmos para sempre."

5º Dia

בְּהֵמָה דַקָה טְהוֹרָה אוֹמֶרֶת. מִי כָמֹכָה בָּאֵלִם יי
מִי כָּמֹכָה נֶאְדָּר בַּקֹּדֶשׁ נוֹרָא תְהִלֹּת עֹשֵׂה פֶלֶא:
(שמות טו יא)

A ovelha está dizendo: "Quem é como você entre os poderosos, HASHEM? Quem é como você, poderoso em santidade, incrível em louvor, operário de maravilhas".

בְּהֵמָה גַסָּה טְהוֹרָה אוֹמֶרֶת. הַרְנִינוּ לֵאלֹהִים
עוּזֵנוּ הָרִיעוּ לֵאלֹהֵי יַעֲקֹב: תהילים פא ב

Perek Shiráh- Cântico do Universo

A vaca está dizendo: *"Alegra-te a Elohim por nossa força, trombeta ao elo'ah de Yaakov!"*

בְּהֵמָה דַקָּה טְמֵאָה אוֹמֶרֶת. הֵיטִיבָה יְיָ לַטּוֹבִים וְלִישָׁרִים בְּלִבּוֹתָם

(תהילים קכה ד)

O Porco está dizendo: *"HASHEM é bom para os bons e para os que têm o coração comprometido".*

בְּהֵמָה גַסָּה טְמֵאָה אוֹמֶרֶת. יְגִיעַ כַּפֶּיךָ כִּי תֹאכֵל אַשְׁרֶיךָ וְטוֹב לָךְ:

(תהילים קכח ב)

O Animal de Trabalho está dizendo: *"Quando você come o fruto do seu*

trabalho, feliz é você e bom é o seu quinhão".

גָּמָל אוֹמֵר. יי מִמָּרוֹם יִשְׁאָג וּמִמְּעוֹן קָדְשׁוֹ
יִתֵּן קוֹלוֹ שָׁאֹג יִשְׁאַג עַל נָוֵהוּ:

(ירמיה כה ל)

O Camelo está dizendo: "... HASHEM rugirá do alto e fará sua voz soar de seu lugar sagrado, seu grito ecoa profundamente em sua morada ..."

סוּס אוֹמֵר. הִנֵּה כְעֵינֵי עֲבָדִים אֶל יַד אֲדוֹנֵיהֶם
כְּעֵינֵי שִׁפְחָה אֶל יַד גְּבִרְתָּהּ כֵּן עֵינֵינוּ אֶל יי
אֱלֹהֵינוּ עַד שֶׁיְּחָנֵּנוּ : (תהילים קכג ב)

43

Perek Shiráh- Cântico do Universo

O Cavalo está dizendo: *"Vede, como os olhos dos servos para a mão de seu senhor, como os olhos da serva para a mão de sua senhora, assim são os nossos olhos para HASHEM nosso elo'ah até que ele nos favoreça."*

פֶּרֶד אוֹמֵר. יוֹדוּךָ יְיָ כָּל מַלְכֵי אֶרֶץ כִּי שָׁמְעוּ אִמְרֵי פִיךָ: (תהילים קלח ד)

A Mula está dizendo: *"Todos os reis da terra te reconhecerão, HASHEM, porque ouviram as palavras da tua boca".*

חֲמוֹר אוֹמֵר. לְךָ יְיָ הַגְּדֻלָּה וְהַגְּבוּרָה וְהַתִּפְאֶרֶת וְהַנֵּצַח וְהַהוֹד כִּי כֹל בַּשָּׁמַיִם וּבָאָרֶץ לְךָ יְיָ:

Perek Shiráh- Cântico do Universo

הַמַּמְלָכָה וְהַמִּתְנַשֵּׂא לְכֹל לְרֹאשׁ : (דברי
הימים א' כט יא)

O Burro está dizendo: *"Teu, HASHEM, é a grandeza, e o poder, e o esplendor, e a vitória e a glória, porque tudo nos Céus e na terra [é teu]; Teu, HASHEM, é a realeza e a exaltação sobre tudo."*

שׁוֹר אוֹמֵר. אָז יָשִׁיר מֹשֶׁה וּבְנֵי יִשְׂרָאֵל אֶת
הַשִּׁירָה הַזֹּאת לַיי וַיֹּאמְרוּ לֵאמֹר אָשִׁירָה לַיְיָ
כִּי גָאֹה גָּאָה סוּס וְרֹכְבוֹ רָמָה בַיָּם : (שמות
טו א)

O Boi está dizendo, *"Então Moshe e os Filhos de Yisra'el cantaram esta*

45

canção para *HASHEM, e eles disseram, 'Eu cantarei para HASHEM, pois ele triunfou; Ele jogou o cavalo e seu cavaleiro no mar.'"*

חַיּוֹת הַשָּׂדֶה אוֹמְרִים. בָּרוּךְ הַטּוֹב וְהַמֵּטִיב

Os animais selvagens estão dizendo: "Bendito é aquele que é bom e concede o bem".

צְבִי אוֹמֵר. וַאֲנִי אָשִׁיר עֻזֶּךָ וַאֲרַנֵּן לַבֹּקֶר חַסְדֶּךָ
כִּי הָיִיתָ מִשְׂגָּב לִי וּמָנוֹס בְּיוֹם צַר לִי:)
תהילים נט יז)

A Gazela está dizendo: "E cantarei a tua força, regozijo-me com a tua benignidade pela manhã, pois foste um refúgio para mim e um esconderijo no dia da minha opressão".

פִּיל אוֹמֵר. מַה גָּדְלוּ מַעֲשֶׂיךָ יְיָ מְאֹד עָמְקוּ מַחְשְׁבֹתֶיךָ: (תהילים צב ו)

O Elefante está dizendo: *"Quão grandes são as tuas obras, HASHEM; Seus pensamentos são tremendamente profundos."*

אַרְיֵה אוֹמֵר יְיָ כַּגִּבּוֹר יֵצֵא כְּאִישׁ מִלְחָמוֹת יָעִיר קִנְאָה יָרִיעַ אַף יַצְרִיחַ עַל אֹיְבָיו יִתְגַּבָּר: (ישעיה מב יג)

Perek Shiráh- Cântico do Universo

O Leão está dizendo: *"HASHEM sairá como um homem poderoso, ele despertará zelo; Ele dirá, até rugirá, ele prevalecerá sobre seus inimigos. "*

דֹּב אוֹמֵר יִשְׂאוּ מִדְבָּר וְעָרָיו חֲצֵרִים תֵּשֵׁב קֵדָר יָרֹנּוּ ישְׁבֵי סֶלַע מֵרֹאשׁ הָרִים יִצְוָחוּ: (ישעיי יִצְוָחוּ ביה ביה)

O Urso está dizendo: *"Que o deserto e suas cidades levantem a voz, a aldeia em que Kedar habita; deixe os habitantes das rochas cantarem, deixe-os gritar dos picos das montanhas. Que eles dêem kavod a HASHEM, e falem de seu louvor nas ilhas."*

Perek Shiráh- Cântico do Universo

זְאֵב אוֹמֵר. עַל כָּל דְּבַר פֶּשַׁע עַל שׁוֹר עַל
חֲמוֹר עַל שֶׂה עַל שַׂלְמָה עַל כָּל אֲבֵדָה אֲשֶׁר
יֹאמַר כִּי הוּא זֶה עַד הָאֱלֹהִים יָבֹא דְּבַר שְׁנֵיהֶם
אֲשֶׁר יַרְשִׁיעֻן אֱלֹהִים יְשַׁלֵּם שְׁנַיִם לְרֵעֵהוּ : (
שמות כב ח)

O Lobo está dizendo: "Para cada
questão de iniqüidade, para o boi, a
jumenta, o cordeiro, a vestimenta,
para cada item perdido sobre o qual
ele diz: 'É isso', a questão de ambos
virá antes do juiz; aquele que o juiz
considerar culpado deverá pagar o
dobro ao outro".

Perek Shiráh- Cântico do Universo

שׁוּעָל אוֹמֵר. הוֹי בֹּנֶה בֵיתוֹ בְּלֹא צֶדֶק
וַעֲלִיּוֹתָיו בְּלֹא מִשְׁפָּט בְּרֵעֵהוּ יַעֲבֹד חִנָּם וּפֹעֲלוֹ
לֹא יִתֶּן לוֹ : (ירמיה כב יג)

A Raposa está dizendo: "Ai daquele que constrói sua casa sem justiça, e seus aposentos sem legalidade; que usa o serviço do amigo sem salário e não o dá em troca."

זַרְזִיר אוֹמֵר. רַנְּנוּ צַדִּיקִים בַּיְיָ לַיְשָׁרִים נָאוָה
תְהִלָּה: (תהילים לג א)

O Cão de Caça está dizendo: "Que os justos se regozijem em HASHEM, o louvor é condizente com os retos".

Perek Shiráh- Cântico do Universo

עַכְבָּר אוֹמֵר. אֲרוֹמִמְךָ יְיָ כִּי דִלִּיתָנִי
וְלֹא־שִׂמַּחְתָּ אֹיְבַי לִי: (תהלים ל ב)

*O **Rato** diz: "Eu te exaltarei, HASHEM, porque tu me empobreceste e não permitiste que meus inimigos se alegrassem por mim".*

חָתוּל אוֹמֵר. אִם־תַּגְבִּיהַּ כַּנֶּשֶׁר וְאִם־בֵּין
כּוֹכָבִים שִׂים קִנֶּךָ מִשָּׁם אוֹרִידְךָ נְאֻם־יְיָ: (
עובדיה א ד) וּכְשֶׁמַּגִּיעוֹ אוֹמֵר. אֶרְדּוֹף אוֹיְבַי
וְאַשִּׂיגֵם וְלֹא־אָשׁוּב עַד־כַּלּוֹתָם: (תהלים יח
לח)

*O **Gato** está dizendo: "Se você se levantar como um abutre e colocar o seu ninho entre as estrelas, dali eu o* *derrubarei, diz HASHEM*". "Persegui meus inimigos e os alcancei, e não voltei até que fossem destruídos".

וְעַכְבָּר אוֹמֵר. וְאַתָּה צַדִּיק עַל כָּל־הַבָּא עָלַי כִּי־אֱמֶת עָשִׂיתָ וַאֲנִי הִרְשָׁעְתִּי: (ע"פ נחמיה ט לג)

A ratazana diz: "Você é justo por tudo o que vem sobre mim, pois você agiu com sinceridade e eu fui mau."

6° Dia

שְׁרָצִים אוֹמְרִים. יִשְׂמַח יִשְׂרָאֵל בְּעֹשָׂיו בְּנֵי
צִיּוֹן יָגִילוּ בְמַלְכָּם:

(תהילים קמט ב)

As Criaturas Rastejantes estão dizendo: "Que Yisra'el se regozije naquele que o fez; que os filhos de Tsiyon se alegrem com seu Rei. "

אֵלִים שֶׁבַּשְּׁרָצִים אוֹמְרִים. אֶשְׁתְּךָ כְּגֶפֶן פֹּרִיָּה בְּיַרְכְּתֵי בֵיתֶךָ בָּנֶיךָ כִּשְׁתִלֵי זֵיתִים סָבִיב לְשֻׁלְחָנֶךָ: (תהילים קכח ג)

As grandes criaturas Rastejantes estão dizendo: "Sua esposa será como uma videira frutífera nos recessos de sua casa; seus filhos gostam de brotos de azeitona em volta da sua mesa."

נָחָשׁ אוֹמֵר. סוֹמֵךְ יְיָ לְכָל הַנֹּפְלִים וְזוֹקֵף לְכָל הַכְּפוּפִים: (תהילים קמה טו)

A Cobra está dizendo: "HASHEM apóia todos os caídos e endireita todos os curvos."

עַקְרָב אוֹמֵר. טוֹב יְיָ לַכֹּל וְרַחֲמָיו עַל כָּל מַעֲשָׂיו: (תהילים קמה ט)

Perek Shiráh- Cântico do Universo

O Escorpião está dizendo: "Yah é bom para todos e sua misericórdia está sobre todas as suas obras."

שַׁבְּלוּל אוֹמֵר. כְּמוֹ שַׁבְּלוּל תֶּמֶס יַהֲלֹךְ נֵפֶּל
אֵשֶׁת בַּל חָזוּ שָׁמֶשׁ:

(תהילים נח ט)

O Caracol está dizendo: "Como o caracol que se derrete, o natimorto de uma toupeira que não vê o sol".

נְמָלָה אוֹמֶרֶת. לֵךְ אֶל נְמָלָה עָצֵל רְאֵה דְרָכֶיהָ
וַחֲכָם: (ספר משלי ו ו)

Perek Shiráh- Cântico do Universo

*A **formiga** está dizendo: "Vá até a formiga, seu preguiçoso; considere seus caminhos e seja sábio."*

חֻלְדָּה אוֹמֶרֶת. כֹּל הַנְּשָׁמָה תְּהַלֵּל יָה הַלְלוּיָה. (תהילים קנ ו)

*O **camudongo** está dizendo: "Que cada alma louve Yah, Hallelu-Yah!"*

כְּלָבִים אוֹמְרִים. בֹּאוּ נִשְׁתַּחֲוֶה וְנִכְרָעָה נִבְרְכָה לִפְנֵי יְיָ עֹשֵׂנוּ:

(תהילים צה ו)

*Os **cães** estão dizendo: "Venha, vamos adorar e prostrar-nos; vamos* *nos ajoelhar diante de HASHEM nosso Criador."*

רַבִּי (ילקוט שמעוני פרשת בא רמז קפז) יְשַׁעְיָה תַּלְמִידוּ שֶׁל רַבִּי חֲנִינָא בֶּן דּוֹסָא הִתְעַנָּה חָמֵשׁ וּשְׁוֹנִי אָמַר כְּלָבִים שֶׁכָּתוּב בָּהֶם (ישעיה נו יא) וְהַכְּלָבִים עַזֵּי נֶפֶשׁ לֹא יָדְעוּ שָׂבְעָה, יִזְכּוּ לוֹמַר שִׁירָה. עָנָה לוֹ מַלְאָךְ מִן הַשָּׁמַיִם וְאָמַר לוֹ יְשַׁעְיָה עַד מָתַי אַתָּה מִתְעַנֶּה עַל זֶה הַדָּבָר. שְׁבוּעָה הִיא מִלִּפְנֵי הַמָּקוֹם בָּרוּךְ הוּא מִיּוֹם שֶׁגִּילָה סוֹדוֹ לַחֲבַקּוּק הַנָּבִיא לֹא גִלָּה דָּבָר זֶה לְשׁוּם בִּיא זֶה לְשׁוּם אֶלָּא בִּשְׁבִיל שֶׁתַּלְמִידוּ שֶׁל אָדָם גָּדוֹל אַתָּה שְׁלָחוּנִי מִן הַשָּׁמַיִם לְזַדְקֵק אֵלֶיךָ לְהַגִּיד לְךָ בַּמֶּה אַתָּה שְׁלָחוּנִי מִן הַשָּׁמַיִם לְזַדְקֵק אֵלֶיךָ לְהַגִּיד לְךָ

Perek Shiráh- Cântico do Universo

בַּמֶּה אַתָּה שְׁלָחוּנִי מִן הַשָּׁמַיִם לִזְדֵּקֵק אֵלֶיךָ
לְהַגִּיד לְךָ בַּמֶּה זְכוּרְלִי. לְפִי שֶׁכָּתוּב בָּהֶם (
שמות יא ז) וּלְכֹל בְּנֵי יִשְׂרָאֵל לֹא יֶחֱרַץ כֶּלֶב
לְשׁוֹנוֹ. וְלֹא עוֹד אֶלָּא שֶׁזָּכוּ לְעָבֵּד עוֹרוֹת
מִצּוֹאַתָם שֶׁכּוֹתְבִים בָּהֶם תְּפִילִין וּמְזוּזוֹת
וְסִפְרֵי תוֹרָה. עַל כֵּן זָכוּ לוֹמַר שִׁירָה. וּלְעִנְיַן
הַשְּׁאֵלָה שֶׁשָּׁאַלְתָּ חֲזוֹר לַאֲחֹרֶיךָ וְאַל תּוֹסִיף
בַּדָּבָר הַזֶּה עוֹד , כְּמוֹ שֶׁכָּתוּב (משלי כא כג)
שׁוֹמֵר פִּיו וּלְשׁוֹנוֹ שׁוֹמֵר מִצָּרוֹת נַפְשׁוֹ. בָּרוּךְ
יְיָ לְעוֹלָם אָמֵן וְאָמֵן:

Rabino Yeshayah, aluno do Rabino Ḥanina ben Dosa, jejuou oitenta e cinco jejuns. Ele disse: "Cães, sobre os quais está escrito, 'os cães têm o espírito descarado; eles não conhecem satisfação '- eles merecem dizer uma canção? " Um anjo respondeu-lhe do Céu e disse-lhe: "Yeshayah, até quando você vai jejuar sobre isso? É um juramento do bendito Santo; desde o dia em que revelou seu segredo ao profeta Havakuk, ele não revelou esse assunto a ninguém no mundo.

Mas porque você é aluno de um grande homem, fui enviado do Céu para ajudá-lo. Eles disseram que os cães escreveram sobre eles, 'Nenhum cão afiou a língua contra qualquer um dos filhos de Israel'. Além disso, eles merecem que as peles sejam curtidas com seus excrementos, nos quais os rolos de Tefilin, Mezuzot e da Torá são escritos. Por isso mereceram recitar uma canção. E quanto ao que pediste, retira a tua palavra e não continue assim, como está escrito: 'Aquele que guarda a sua boca e a sua língua, guarda das aflições da sua alma.'" Bendito seja HASHEM para sempre, Amén e Amén.

Perek Sbiráh- Cântico do Universo